HALLO, LIEBER FR

du hast es schwer genug. Zur Stärkung oder Neuerweckung deiner Lebensfreude empfehle ich dir deshalb dieses ABC. Es liefert dir reichlich Aufgaben und Fingerzeige, die dir dabei helfen, herkömmliche Bahnen des Denkens und Fühlens zu verlassen und neue Möglichkeiten aufzutun. Du wirst entdecken: Lebensfreudespender können Orte, spezielle Genüsse, Erlebnisse oder Erkenntnisse sein. Kurz: Dieses ABC reduziert das Leben auf absolut Bejahenswertes. Einiges daraus solltest du unbedingt sofort ausprobieren beziehungsweise in die Tat umsetzen.

Dann geht es dir nämlich besser oder sogar gut.

Versprochen, deine kleine Marie

A

ÄPFEL KLAUEN

Wichtig hierbei ist die Wahl der Person oder Institution, von der du die Äpfel klaust. Klaust du vom Apfelbaum, klau vom Baum eines miesepetrigen und ohnehin übersubventionierten Bauern; klaust du im Laden, klau aus der Frischetheke beim Discounter mit den unfreundlichsten Kassiererinnen.

ANTIAUTORITÄR SEIN

Autoritäten nerven. Eine Autorität zum Wackeln oder Einstürzen bringen – das solltest du einmal in der Woche machen oder wenigstens einmal im Leben gemacht haben. Der Möglichkeiten sind viele: Du kannst einen Polizisten umarmen; oder im Museum solange die Bilder anfassen, bis der Museumswärter weint; oder vor den Augen des Bademeisters mit heruntergelassener Badebekleidung vom Beckenrand hüpfen; oder Lehrern, Professoren und Richtern grundsätzlich Widerworte geben.

A

ATMEN

Von der Heilkraft des Atems wissen alle bekannten Hochkulturen. Zu atmen ist mechanisch, kreislaufdynamisch, chemisch, nervös-reflektorisch und zentral-nervös gesehen die wichtigste Funktion überhaupt. Also mühe dich stets, richtig gut zu atmen. Suche dafür zunächst deinen Diaphragmamuskel. Steh stabil mit leicht gespreizten Beinen. Finde mit einer Hand den Raum unterhalb der Rippen und lege die Handfläche darüber. Atme tief und langsam durch Mund und Nase ein, ohne die Schultern beim Atmen zu heben. Fühlst du ihn, den Diaphragmamuskel? Gut. Beim Ausatmen solltest du spüren, wie er sozusagen „zurückkehrt“. Tu dann so, als ob du einen angenehmen Duft (frische Bettwäsche) erschnupperst, und fülle so sukzessive die Lungen. Atme langsam aus. Atme tief und langsam ein und hechele. Atme langsam aus. Und immer so weiter. Ah, es geht doch nichts übers Atmen.

BARFÜSSELN

Faszinosum Fuß: Er besteht u.a. aus Zehen, Sohle und Ferse. Die Verbindung zum Unterschenkel wird durch den Knöchel (das Sprunggelenk) gebildet. In den Füßen befinden sich nicht nur ein Viertel der 206 Knochen des menschlichen Körpers, an deiner Fußsohle und den Zehen finden sich auch die Rezeptoren der Hautsinne in besonders hoher Dichte. Leg ihn in Zukunft öfter bloß, deinen Fuß, und wandele über Kiesel. Hei, wie das knirscht und kribbelt.

B

BART AUS MILCH

Frag mich nicht warum, aber das Gefühl, einen Milchbart auf der Oberlippe zu tragen, ist mehr als angenehm. Auch die Aufmerksamkeit, die du erhältst, wenn du ihn nicht wegwischst, ist erfreulich.

BESCHIMPFEN

B

Leute zu beschimpfen, die es verdient haben, ist gut und richtig. Lass dir da keinen mit der Moralkeule überziehen. Alte Frauen, die sich an der Brottheke vordrängeln zum Beispiel; oder Pubertierende, die auch nach Kinofilmbeginn noch giggeln; oder Politessen, die nur ihren Job machen – die alle brauchen das. Obacht: Nie drauflosschimpfen, sondern immer professionell, mit erkalteter Wut.

Du erhöhst dein Glück, indem du immer neue Schimpfwörter erfindest. Tipp: Es gibt noch andere Bereiche als das Fäkale (Du Kackkopf), aus denen du schöpfen kannst, zum Beispiel das Papierwesen (Du Fehldruck) oder das Tier- und Pflanzenreich (Du Amöbe).

B

BEWUNDERN

Es lohnt sich immer, jemanden zu bewundern, der der/ die absolut Beste auf seinem/ihrem Gebiet ist: etwa Jesus (Gutsein) oder Charles Eames (Gestalten) oder Ronaldinho (mit dem Ball umgehen) oder Hilary Hahn (Geigen). Jemanden zu bewundern dient der besseren Orientierung im Leben.

CHAOSTHEORIE

C

Die Chaostheorie ist eine einzige große Aufgabe – und jede Aufgabe ist dein Freund. Denn du kannst dich stunden-, tage- oder jahrelang intensiv damit beschäftigen. Wenn dir die Chaostheorie nicht so zusagt, wie wäre es dann mit einer von diesen: Anthropologie, Dekonstruktion, Existentialismus, Hermeneutik, Kritischer Rationalismus, Postmoderne, Psychoanalyse, Systemtheorie. Oder willst du vielleicht ganz praktisch selber eine Theorie aufstellen? Nur zu. (Für den Anfang tut es auch eine These.)

D

DEFINIEREN

Etwas oder jemanden zu definieren ist die Präzisionsübung par excellence. Das ist mächtig anregend. Definiere alles, auch das scheinbar zu Ende Definierte, für dich neu. Finde zum Beispiel eine Definition für Glück, die annähernd die Kraft dieser hier von Ambrose Bierce hat: „Glück ist das angenehme Gefühl, das aus der Betrachtung fremden Elends erblüht."

E

EINMAL UM DEN BLOCK

Einmal um den Block gehen am Abend, wie ist das erfrischend und labend. Dabei kommt es gar nicht auf die Art des Blocks an. Einfach raus aus der Haustür, die Straße rechts runter, dann die nächste Straße rechts, die nächste wieder rechts, die nächste noch mal rechts und wieder nach Hause. Apropos Block. Block heißt auch der Kaufmann, der im 8. Kapitel des unvergleichlichen Romans „Der Prozess“ auftaucht. Wer diesen Roman liest, nachdem er spaziert ist, potenziert sein Wohlempfinden.

ERSTER SEIN

Das lohnt sich unbedingt: der ernsthafte Versuch, einmal Erster zu sein. Erster in der Stadtmeisterschaft im Tischtennis, Hobbyklasse; oder erster Mensch morgens im Wald. Nimm auch bedenkenlos mal an einer Weltmeisterschaft teil, bei der du Chancen hast zu gewinnen. Die WM im Extreme Ironing (Extrembügeln) zum Beispiel. Weltbester zu sein bringt dich einen Schritt näher ran an Gott.

EXISTENZTAUSCH

E

Tausche die Existenz mit deinem Nachbarn zur Linken;
wenigstens für einen Tag.

F

FERNSEHFREIES JAHR

Was du im deutschen TV zu sehen bekommst, ist überwiegend Unrat. Vor allem diejenigen, die besser ganz für sich blieben, treibt es ja dahin. Aller Abfall, den die „Kultur" im Individuum zurückgelassen hat, kommt zum Vorschein: Halbbildung (Quizshows), Sichgehenlassen (Talkshows am Nachmittag), plumpe Vertraulichkeit (Talkshow am Abend), Bewusstlosigkeit, gnadenlose Bereitschaft zur Idiotie und zum Schund (Casting-Shows und Doku-Soaps). Das hört jetzt für dich auf. Du bringst den Fernseher in den Keller. Du siehst jetzt wieder genau hin, du richtest dein Augenmerk auf das, was sich lohnt: du und deine Umgebung. Du siehst dann weiter. Dein Gehirnchen wird sich bei dir bedanken.

F

FORMEN

Es ist schön, etwas zu formen, etwa einen Pizza- oder Kuchenteig. Manchmal reicht es schon, dabei zuzuschauen, wenn Dinge zum Beispiel wie holländische Holzschuhe geformt werden. Es ist schön zu empfinden, dass etwas mit der Welt gemacht werden kann, oder?

F

FRECH SEIN

Schreibe „Für sexuelle Gefälligkeiten“ in die Verwendungszweckzeile deiner Überweisungen. Singe in der Oper mit. Antworte auf alles, was jemand sagt, mit „Das ist das, was DU glaubst!“ Beende alle deine Sätze mit „In Übereinstimmung mit der Prophezeiung!“ Signalisiere, dass eine Konversation beendet ist, indem du die Hände über die Ohren legst. Frage die Leute, welches Geschlecht sie haben. Geh zu einer Dichterlesung und frage, warum die Gedichte sich nicht reimen. Denn wie du weißt, kommt frech weiter.

GESICHTSMASKE

G

Sich eine Gesichtsmaske zu machen, ist ein unterschätztes und gar nicht nur für mittelalte Frauen interessantes Pflegeritual. Überschüssiges Hautfett, Schmutz und abgestorbene Hautzellen werden dabei gelöst und von der Maske auf- und einfach weggenommen. Eine Maske mit Salz und Mineralien aus dem toten Meer, womöglich mit den Spirulina-Salzsee-Algen, lässt dich ganz lebendig werden. Deine Haut wird rosig, warm und weich statt trockenkaltsprödeschlaff, die Poren schrumpeln zusammen. Du musst eine solche Maske auf das gereinigte, getrocknete Gesicht auftragen, Augen und Mund aussparen. Ca. 10-15 Minuten einwirken lassen, bis die Maske ganz getrocknet ist. Danach mit reichlich warmem Wasser abwaschen, abtrocknen und vor dem Spiegel staunen. Schöner, frischer, knackiger kannst du nicht aussehen.

H

HALLELUJA

Überlass nicht alles dem Ratzinger Josef. Du solltest dir zur Angewohnheit machen, selber Dinge oder Personen zu segnen, mögen sie auch für andere unwichtig und nebensächlich erscheinen. Beispiel: Segne deinen Vermieter dafür, dass er seit fünf Jahren die Miete nicht erhöht hat; oder die Frau in der Reinigung, die dich immer korrekt beim Nachnamen nennt. Oder segne Josephine Cochrane, die Erfinderin der Spülmaschine.

HAND IN HAND

Wenn jemand dir liegt, geh öfter Hand in Hand mit ihm oder ihr. Das vergoldet dein Dasein.

HAIKU

Ein Haiku ist die urjapanische Gedichtform. Es ist dreizeilig, besitzt 17 Silben (5-7-5) und zielt auf die Spiegelung eines flüchtigen Augenblicks. Ein Haiku verträgt keine Aufgeblasenheit, es besteht auf wenigen, treffenden Worten, will es doch ein Stimmungsbild von schlichter Harmonie und opulenter Relevanz malen. Da du nie Japaner werden wirst, sei mutig und schreib täglich ein modernes mitteleuropäisches Haiku. Merke, wie du dabei ordentlicher, konzentrierter und weiser wirst. Beispielhaiku:

Ein Hase im Gras
pflückt Blumen für die Liebste –
ein Rammler von Welt.

HINHÖREN

Hören ist eine großartige Aktivität. Und hinhören erstmal. Hör vor allem immer ganz genau hin, wenn die so genannten „Kleinen“ sprechen. Dann kannst du große Sätze hören, die du nie vergisst. Etwa solche am Abendbrottisch: Spuck mir nicht in meine Persönlichkeit.

I

ICH

Denk vor allem an dich. Du bist das Wichtigste.

JAMMERTAL

J

Das Landhotel Jammertal ist die grüne Oase im Münsterland, genauer gesagt in Datteln-Ahsen. Da kannst du dich ausjammern und dann regenerieren, erfrischen, rehabilitieren. Aber nicht weitersagen, denn noch handelt es sich beim Jammertal um einen Geheimtipp.

KILLERN

Killern ist die feinere Version von streicheln. Killere also jemanden, den du gern hast, mit den Spitzen der Finger an einer Stelle, die er/sie besonders gern hat. Das kann das Genick sein oder das Schlüsselbein oder der ganze Rücken oder der Unterarm. Danach lass du dich killern.

KIND MACHEN

Mach ein Kind, wenn du soweit bist. Ein Kind ist zwar sehr anstrengend, es übergibt sich dauernd, jault, schreit, weint, dann ist es wieder hungrig, es schläft fast immer zur falschen Zeit und kommt irgendwann auch noch in die Pubertät, aber aber aber bedenke bitte Folgendes:
Es wächst auf. Es fordert dich, es hat so viel Willen und Potential. Es bewegt dich. Zuletzt: Es macht dich unsterblich.

KONVERTIEREN

Hast du dich auch schon einmal gefragt: „Warum eigentlich nicht konvertieren?" Das ist zu verständlich, da sich die eigene, aufgedrückte oder nahe liegende Konfession oft so lieblos offenbart. Vielleicht ist das grob unterschätzte Lettisch-Orthodoxe genau das Richtige für dich. Die Anhänger pflegen einen interessanten sakralen Sing-Sang, flotte Kutten und lange Hüte, die das Religiöse betonen. Vielleicht wird nicht alles gut, wenn du konvertierst, aber sicher wird alles warm, gemütlich und etwas absurd.

KÜSSEN

K

Hast du schon mal eine fremde Hand an einer Ampel ergriffen und geküsst? Oder dich papstmäßig auf den Boden gekniet und diesen mit deinen Lippen geweiht? Dann wird es aber höchste Zeit.

L

LOBEN

Zu loben heißt, eine Leistung anzuerkennen. Du solltest grundsätzlich viel mehr loben, auch Menschen, die es nicht verdient haben. Denn die lernen dann etwas Neues kennen: die Scham.

MUTTERTAGE

Deine Mutter ist wichtig, egal ob du sie abgöttisch liebst oder überhaupt nicht leiden magst. Wo wärst du denn ohne sie? Es gehört sich so und macht euch beide (deine Mutter und dich) froh, mehrere Muttertage im Jahr zu feiern. Vorschläge zur Güte: am 23. Juli, 14. September und 12. November.

NACKIG

Wenig ist so wohlig wie nackig in der Wohnung herumzuturnen.

NASENREINIGUNG

N

Steh aufrecht und atme in kurzen, kräftigen Stößen, als schnäuztest du in ein Taschentuch, durch die Nase aus. Beweg dabei den Oberkörper und die Arme mit. Wiederhole diese Übung etwa 20 Mal. Bei dieser Übung gelangt genügend Luft zum Einatmen durch den Mund, konzentriere dich deshalb ausschließlich auf das Ausatmen. In seltenen Fällen kann durch die erhöhte Sauerstoffzufuhr im Gehirn ein leichtes Schwindelgefühl auftreten. Dieses Exerzitium dient der Vorbereitung des Stimmapparats auf das mongolische Obertonsingen; ist aber auch unabhängig davon heilsam.

NEID VERMEIDEN

Denk an Seneca, de ira, III, 30, 3: Numquam felix eris, dum te torquebit felicilior. („Niemals wirst du glücklich sein, wenn es dich quält, dass ein anderer glücklicher ist.“)

NIEDERDUZEN

Mach's wie der Engländer. Duze ab sofort einfach jeden.

Wir sind doch alle Menschen.

NOVEMBERGEBET

Im November, wenn die Sonne schwächelt, betest du bitte täglich. Das wärmt dich von innen. Bete, auch wenn du nicht an höhere Wesen glaubst. Bete deine eigenen Novembergebete. Dieses hier zum Beispiel ist mir von K. überliefert: Komm, blauer Himmel, ich empfange dich mit offenen Armen.

OHNE BESCHWERDE ZUM DOKTOR

Weißt du, wovon man spricht, wenn sich ein Mensch total gesund fühlt? Dann spricht man vom „Schweigen der Organe“. Und just wenn du das einmal fühlst, schiebe unbedingt einen Arztbesuch ein. Geh zum Doktor und wenn er dich fragt „Was haben wir denn?“, antworte mit: „Nix, glaube ich.“ Heiter schreitest du dann aus der Praxis und auf deinem Lebensweg weiter voran.

P

PICHELN

Pichel dir einen, am besten mit Hilfe von guten reinen deutschen Bierchen. Denn Bierchen ist eins der gesündesten Lebensmittel. Bierchen nimmst du zwecks Entspannung, um dein inneres Fantasierad anzudrehen oder einfach zur Lebensverschönerung in Dosen und Flaschen zu dir; täglich zwei kleine (nicht mehr!) davon, und schon fließt das Cholesterin ab und die Herzarterien verkalken um 50% weniger. Außerdem hilft es gegen Schlaganfall, schützt vor freien Radikalen, Gallensteinen, Altersdemenz, Parkinson, Diabetes. Bierisches Silizium baut Knochen auf, beugt Osteoporose vor. Bierchenpichler fühlen sich gesünder und zufriedener, das ist erwiesen.

PRIVATSPRACHE

P

Die berühmteste Privatsprache ist wohl die deutsche Gaunersprache Rotwelsch. Sie hat keine eigene Grammatik. Sie ist nur ein semantischer Code, durch den sich die fahrenden Leute vor dem Zugriff der ordentlichen Umwelt sichern wollten. Erfinde du deine eigene Privatsprache. Das geht ganz einfach: Wenn du etwas total toll findest, sage nicht mehr „toll" oder „geil", sondern vielleicht „schnärzend" oder „wot". Und wenn du etwas schlimm findest, sage einfach jedes Mal: „Das muss Morten Korch gewesen sein." Und so weiter.

P

PULEN

Braune Stellen von der Banane wegpulen, frische Krabben pulen oder auch Flusen zwischen den Zehen hervorpulen. Pulen tut immer gut, was sich nur die wenigsten so bewusst machen wie du, ab sofort.

PERFEKTION PROBIEREN

Warst du schon einmal das, was du sein möchtest: ein perfekter Mensch? Sicher, aber unaufdringlich im Auftritt, leise, aber präzise sprechend, mit gepflegter Haut, gut angeordneten Haaren, mit schlichter, aber vorzüglich sitzender Kleidung, die die Einmaligkeit deines Wuchses in genau der richtigen Weise betont? Ruhig, besonnen und zuversichtlich erscheinend; sämtliche Mitmenschen durch freundliches Zunicken in dein Leben einbeziehend? Probiere das doch mal. Wenn man dich irgendwo sitzen sieht und beim Hereintreten „Ein wunderbarer Ort“ ruft, dann hast du es geschafft.

QUALLEN

Quallen in einem Aquarium zu beobachten, das bedeutet: eine Lektion in Anmut und Filigranität zu erhalten. Das ergreift dich. Das erstaunt dich.

QUELLWASSER

Bei Spaziergängen oder Märschen an warmen Tagen durch trockene Gegenden entsteht die Sehnsucht nach einem Schluck Quellwasser. Das ist ein hehrer, schöner, guter Durst. Stille ihn nie zu gierig.

R

REGEN = SEGEN

Lass dich vom Wetter niemals sinnlos aus der Fassung bringen und nimm's nicht persönlich, wenn es regnet. Das Nass kann sogar Anlass für gehobene Stimmung sein. Meine Empfehlung. Bei Regen hältst du dich in der Wohnung auf, beobachtest, wie Tropfen an den Fensterscheiben hinabschunkeln, trinkst heißen, guten Rotbuschtee und freust dich, dass es nicht hagelt.

RENOVIEREN

R

Der Geruch gerade getrockneter Farben, das Neuarrangement des Mobiliars, der Charme neuer Tapeten. Wenn du es richtig anstellst, heißt zu renovieren ein altes, verbrauchtes Leben wie eine Schlangenhaut abzulegen. Folgerichtig solltest du beachten, dass du nicht einfach über die alten Tapeten streichst. Mach dir die Mühe, sie abzureißen, um dann neu zu tapezieren. Sonst wird deine Wohnung immer kleiner; wie ein Eisfach, das du nie abtaust.

RETTEN

Jemanden oder etwas zu retten – und sei es eine Fliege oder Hummel aus dem Planschbecken oder Colaglas – das macht dich zur Krone der Schöpfung.

SCHENKEN

S

Geschenke berühren angenehm, vermehren die Fröhlichkeit und machen einen ausgezeichneten Eindruck. Sie sind Zeichen der sozialen Nähe und Zusammengehörigkeit. Und niemand ist gern nicht zugehörig, gell. Also schenke fleißig und kräftig, mit verschwenderischer Freigebigkeit, und bevorzugt Selbstgefertigtes. Zu vermeiden sind Geschenke, die dem Magen oder durch allzu laute Geräusche dem Ohr schaden. Auch beim „Weitergeben" von Geschenken ist Vorsicht angesagt. Ein Wandergeschenk könnte wieder beim ursprünglichen Geber auftauchen. Packe Geschenke jedenfalls immer in gutes Papier.

SCHMUSEN

Schmusen zu wollen, das ist in jedem drin, auch in dir. Wehre dich nicht dagegen. Schmusen oder auch in Körperkulen herumsulen tut ungeheuer gut.

S

SCHOKKI

Schokolade erster Qualität, also solche, die knackig ist, eine cremige Füllung mit zartem Schmelz und wenig Zucker, dafür Sahne und frische Butter enthält, enthält erwiesenermaßen auch Serotonin, ein Hormon, das im Volksmund als Seelentrost zergeht. Mit jedem Fitzelchen Schokki, das du verzehrst, kommt ein bisschen Glück zurück.

SCHWITZEN

Schweiß hatte lange Zeit einen schlechten Ruf, weil er nach Auskunft der Bibel der Teil des Geldes ist, der riecht. Im Laufe der Geschichte wurde diese altväterlich negative Einstellung zum kühlenden Nass von den Finnen der Lächerlichkeit Preis gegeben (Sauna), von den Amerikanern aus der Arbeitswelt verbannt (Klimaanlage), schließlich von den Mallorquinern und anderen Sonneninsulanern zum kaum noch beachteten Freizeitaccessoire degradiert. Dann kam Joggen. Bei diesem Sport muss man an nichts denken, kann sich ganz auf seinen „body" und dessen Poren konzentrieren, die schreien: „Öffnen, öffnen, öffnen!" Nach 30 Minuten löst sich die Grenze zwischen Körper und Welt auf, du bist eins mit der Natur, mit Buddha, mit dir. Phantastisch! Zuhause dann das Sportunterhemd mit einem indischen Lächeln zum Abtropfen über die Stuhllehne hängen. Fertig!

SELBST DENKEN

S

Nur Mut. Denke selber. Denn: Nur die eigenen Gedanken haben Wahrheit und Leben; nur die eigenen Gedanken versteht man ganz. Notiere deshalb einen eigenen Gedanken pro Tag auf einem Zettel und lege ihn in ein Kästchen mit der Aufschrift: Meins.

Wie erhebend.

S

SIEBZEHN-UHR-VORSTELLUNG

Ins Kino gehst du heutzutage besser grundsätzlich um 17 Uhr: wenige Leute, fünf Sitzreihen ganz für dich allein; und wenn du rauskommst, ist es noch hell oder wird gerade erst dunkel. Das ist der Moment, da die Scharniere des Wohlbefindens geschmeidig ineinander greifen.

SPUREN LESEN

S

Überall sind Spuren. Du musst sie gar nicht finden, du musst nur hingucken. Da! Die keilschriftförmigen Spuren eines kleinen Vogels im Neuschnee! Was bedeuten sie? Du wirst es herausbekommen.

T

TELEFONSPÄSSCHEN

Streichespieler sind gute Menschen, denn sie pulverisieren übertriebene Seriosität und holen Obrigkeiten auf den Boden. Starte deine Karriere als Gutmensch mit Telefonspäßchen. Bequem in einem Gewusel von Kissen liegend, konsultierst du das Telefonbuch und rufst unbekannte Leute, Geschäfte, Firmen und Institute an. Du bietest Dienstleistungen und Produkte an, die es nicht gibt. Du bestellst Kinderwagen, Rosen und Särge an Adressen, die dir gut gefallen. Du foppst ehrenwerte Herren und rätst wildfremden Frauen, sie sollten besser auf ihre Männer achten. Deine Zehen werden in leiser boshafter Freude miteinander spielen. Du wirst wundervolle Liebeserklärungen und Verwünschungen erhalten.

TERMINLOSIGKEIT

Heute keine Termine, verstanden?

U

UNIVERSUM

Gewöhne dich daran, etwas im Universum zu bestellen: fange klein an, zum Beispiel am Abend, wenn du nach Hause kommst, mit einem Parkplatz; dann kannst du immer größer werden und dir irgendwann etwas Bedeutendes wie einen Ehegatten oder ein Kind bestellen. Aufregend.

VERLIEBEN

V

Die Schönheit des Sichverliebens ist eine schlichte und sehr einfach zu erklären: Das Weltall wird schlagartig größer und das Liebesobjekt der Punkt, dem die Gesamtheit aller Dinge zustrebt; wie ein schwarzes Loch, nur heller. Ein komplexes Zusammenspiel von Hypothalamus, lymbischem System und diverser Hormone wie Testosteron und Östrogen tut sein Übriges. Also los: verliebe dich, zur Not auch in eine seltene Blumenart oder einen Fuß.

V

VLA

Vla ist wunderbar. Und zwar: Vanille Vla.

WITZ KENNEN

W

Du kennst sicher das alte Sprichwort: Lieber einen guten Freund vernichtet als auf einen guten Witz verzichtet. Ganz so wild sollst du es nicht treiben. Aber jeder halbwegs interessante Mensch hat mindestens einen guten Witz in petto, mit dem er andere zum Lächeln oder Grinsen bringen kann. Dieser ist einer der besten und kürzesten und am besten behaltbaren Witze aller Zeiten: „Schöne Zähne hast du, gibt's die auch in Weiß?" Oder falls du ein Freund der Absurdität bist: „Sitzen zwei Elefanten auf einem Baum und stricken ein Mofa. Kommt ein Polizist vorbei und fragt: Na, ihr beiden, dürft ihr denn schon rauchen?"

X-BELIEBIG LIEB SEIN

Sei nett und lieb, wenigstens ab und zu. Mach durch kleine Gesten x-beliebige Menschen glücklich. Schenke deiner Nachbarin Blumen auch ohne Anlass oder schenke dem einsamen alten Mann auf der Bank im Park ein Eis.

YAK

Y

Wer je ein Yak gestreichelt hat, vergisst das nie.

Y

YIIIIHA

Setz dich auf ein Pony oder Pferd, schließ die Augen und lass dich einfach tragen, Anfänger im Schritt, Fortgeschrittene im Galopp. Fühle die Freiheit.

ZEUGNIS

Z

Schreibe dir selbst am Ende jedes Jahres ein gutes Zeugnis und versetze dich ins nächste Jahr. Du hast es verdient.

Z

ZOOTIER BEFREIEN

Befreie ein Tier aus dem Zoo. Muss kein Yak, kann auch ein ganz kleines sein.

ZUHAUSE BLEIBEN

Z

Es ist nicht nötig, dass du aus dem Haus gehst. Bleibe nach dem Frühstück einfach am Tisch sitzen und horche. Nein, horche nicht einmal. Sei völlig still und allein. Die Welt wird sich dir zur Entlarvung anbieten, sie kann nicht anders, verzückt wird sie sich vor dir winden. Und genauso verzückt windest du dich mit.

IMPRESSUM

Die Kleine Marie 2005

Konzept, Text & Gestaltung: Heiko Schulz, Tim Turiak, Raimund Schmelzer
Papier/Inhalt: Zitronengelbes Naturpapier (Berberich)
Papier/Titel: Maxi-Offset (Freytag & Petersen)
Druck: Küppers & Knoben, Mönchengladbach
Speziellen Dank an Dr. Franz, Heike, Ines, Kathrin, Niklas, Julia und Yentu

Printed in Germany ISBN 3-9809429-4-5

Unverbindliche Preisempfehlung: 7,99 Euro